কাই আমার সবচেয়ে প্রিয় বন্ধু আর ডান ওর মা।

My best friend is Kai and that's his mum.

মা-এর সাথে পার্কে গেলে লোকে আমায় জিজ্ঞাসা করে
"ইনি কি তোমার চাইল্ড-মাইন্ডার?"

When I go to the park with my mum I'm asked,
"Is that your childminder?"

আমি বলি,
"না! ইনি আমার মা!"

And I say,
"No! That's my mum!"

কাই তার মা-এর সাথে সাঁতারে গেলে লোকে ওকে জিজ্ঞাসা করে,
"ইনি কি তোমার বেবি-সিটার?"

When Kai goes swimming with his mum he's asked,
"Is that your babysitter?"

আর সে জবাব দেয়,
"না! ইনি আমার মা!"

And he says,
"No! That's my mum!"

আমরা সকলে প্লে-গ্রাউন্ডে গেলে সকলে
আমার মা-কে ভাবে কাই-এর মা।

When we all went to the playground they thought
that *my* mum was Kai's mum!

আর কাই-এর মা-কে ভাবে আমার মা!
ওফ্, কি উলটো-পাল্টা সব ব্যাপার!!

And they thought that Kai's mum was *my* mum!
It's all so confusing.

বাবার সাথে দোকানে গেলে, সকলেই ভাবে যে উনি আমার বাবা। "কি, আপনার মেয়ের জন্য এটা নেবেন নাকি?"

When I go shopping with my dad, they all think that he's my dad. "Would you like this for your daughter?"

কাই বাবার সাথে দোকানে গেলে, সকলেই ভাবে যে উনি ওর বাবা।
"আপনার ছেলে কি এটা পরে দেখবে নাকি?"

And when Kai goes shopping with his dad,
they think that's his dad.
"Would your son like to try them on?"

আমি যেদিন প্রথম ইস্কুল্ শুরু করি,
সেদিন কি কান্ডো জানো?

Do you know what happened
when I started school?

তারা আমায় জিজ্ঞাসা করে, "উনি কে?
ইনি তোমার আম্মা হতেই পারেননা!"

They asked me, "Who is that?
That can't be your mum!"

"সাদা মহিলা তোমার আম্মা কি করে হবে? এটা হতেই পারেনা!"

"You can't have a white mum!
That's not possible!"

আমার খুব দুঃখ হয়েছিল,
আমি খুব কেঁদেছিলাম।

I was so upset that I
cried and cried.

এখন বোঝ, কেন আমার এত রাগ হয়। আমার নিজের মা-কে লোকে মা বলে ভাবে না।

Now you know why I'm fed up.
People think my mum isn't my mum.

কাই-ও খুব রাগে যায়, তার নিজের মা-কে লোকে মা বলে ভাবে না।

Kai is fed up too.
They think that his mum isn't his mum.

তাই আমরা দুজন মিলে খুব ভাবলাম —
কি করা যায় ?

So we got together and thought and thought.
What could we do?

আমি বললাম, "আমি জানি, চল্ আমরা মুখোশ্ পরি।"
কাই মাথা নাড়ল।

"I know," I said, "we could wear masks."
Kai shook his head.

"অথবা, মুখে রং মাখি," কাই বলে।
আমি হাসলাম।

"Or paint our faces," said Kai.
I laughed.

"আমি জানি, সান্‌বেদিং কর, তাহলে একটু তোর
মা-এর মতো গায়ের রং হবে," আমি বললাম।

"I know," I said. "You could sun bathe.
Then you'd be more like your mum."

"আর তুই একদম ছায়াতে থাকিস্ তাহলে তোর
মা-এর মতন ফর্সা হয়ে যাবি," কাই বলে।

"And you could stay in the shade," said Kai.
"Then you'd be pale like your mum."

কিন্তু কি বোকা-বোকা ব্যাপার!
আমরা কেন ঐ সব করব?
কেন নিজেকে বদ্‌লাবো?
যা আছি, ভালোই আছি।

Well that's stupid! Why should we change?
We don't want to change!
We like the way we are.